JN495382

미안한 방향

하영란 시집

문학의전당 시인선

370

미안한 방향

하영란 시집

문학의전당

시인의 말

까만 몽돌이 빛을 먹어
백일홍이 검붉게 타고 있는
파도가 마린블루 속으로 잠수한
오후 2시의 바닷가에 도착했다.

2023년 10월
하영란

차례

제2부

제3부

제4부

제1부

몰입

전철 안으로 들어서다
다리에 걸려, 앞으로 살짝 넘어질 뻔했다
휴대폰 동영상을 열심히 보고 있는 청년의 한쪽 다리는 대각선으로 뻗어 있었다
몰지각한 젊음이었고 몰입이었다
청년이 앉은 자리 맞은편에
당황한 기색을 숨기고 자세를 잡고 앉았다
다리 위를 달리는 전철에서 바라본 강물은 참 무심히도 푸르렀다
푸르름에 걸려, 하마터면 욕이 나올 뻔했다
휴대폰 동영상은 그랜드캐니언 인디언의 실상을 조명하고 있었다
다리를 건너 평야를 지나
전철은 지나치게 빠른 속도로 달렸다
생각이 종착역에 다다랐을 때
앞자리에 인디언 청년이 앉아 있었다

호모사케르

빛나는 것은 한철이다

중력의 신들이
화려한 꽃잎들을 한 잎 한 잎 벗겨내며
지상으로 끌어내린다

가면 뒤의 진실은 빛나고
진실 뒤에 가면은 이그러진다

목련이라는 가면 뒤에서
꽃잎은 아름답다

필멸을 경험했던 자의 탄식처럼
지옥을 견뎠던 꽃잎은 기어이 지고 말 것이다
마른 꽃으로 기억될 것이다

살아 있는 자는 아름답고
눈부셨던 자는 눈을 가리고 말,

눈부신 자는 눈먼 자로 지고 말,

이 눈부심

상처 입음에 대한 단상

마음속 두 개의 톱니바퀴가 돌아간다. 바깥을 향한 바퀴가 쉴 새 없이 돌아가며 이야기를 만들고 있다. 이야기는 세상 밖으로 나간다. 이야기가 세계를 돌고 있는 동안 시간이 회귀한다. 시원을 알 수 없는 너의 시간과 나의 시간이 나란히 손을 잡고 그의 시간 안으로 들어간다. 그의 시간은 또 그녀에게로 건너간다. 언제 이 건너감이 멈춰질지 아무도 모른다. 모른다는 것은 문제가 없다는 것인데 그래도 아무 문제 없이 지금 여기까지 잘 왔다. 돌탑에서 비롯된 이야기가 나에게 와서 너에게로 가고 너에게서 다시 그녀에게로, 그에게로 가고 있다. 돌고 있는 이야기에는 피가 돈다. 피가 도는 이야기에서 꽃이 피고 잎이 돋아난다. 살아있는 한, 찔리고, 피가 나고, 피가 나는 한 사랑을 한다. 사랑하는 한 상처 입고 그렇게 세계가 자란다.

어떤 파업

알라딘에서 책 한 권 주문하고 배송 중이라는 문자를 받고 기다리는데, 책이 자신을 제대로 이해하지 못하는 주인이 싫어서 배회하는지, 여러 날째 오지 않았다. 책이 나를 거부하는 것 같았다. 썩 기분이 좋지 않았다. 하루 이틀 기다리다가 그래도 우리 집 손님으로 올 것인데 이리 무심하면 안 되지 싶어서 택배사로 전화를 했다. 시내까지 책이 들어왔는데 파업 중이라서 배송을 못한다는 기사의 말을 들었다. 그렇냐고, 파업을 하는 데는 다 이유가 있을 것 아니냐고 격려의 말도 잊지 않았다. 며칠이 더 흐르니 그 책이 무지 읽고 싶어졌다. 애인보다 그 책이 더 보고 싶어졌다. 근처 물류창고에서 잠자고 있을 그 책이 무척 그리워졌다. 그곳의 잠자리는 나쁘지 않냐고 안부 전화라도 해야 하는 것은 아닐까, 책이 아니라 택배 기사에게 꽃이라도 한 송이 보내야 하는 것은 아닐까 생각하며 나는 파업에 대한 지지 의사를 독백으로 갈음했다.

풋사과의 비행

아버지 몰래 따온
가방 속 사과가
도서관 책상 아래로 굴러떨어졌다

사과의 비행이 시작되었다

빌 게이츠를 지나
칸트를 지나
조지 오웰의 1984 지나
읽어버린 시간을 지나
기형도를 지나

사과의 비행이 계속되었다

스티브 잡스를 지날 때
잠시 망설이다가
노무현을 지날 때
잠시 멈춤, 울먹이다가

아폴로에 몸을 실었던가?

다 늙어빠진 사과가
종적을 감췄다

달이 떠오른다

달마다 달을 하나씩 낳아
달을 키우는 나무가 있다

달 한입 베어 물고 날아가는 지빠귀를 따라 기우뚱거리며 나머지 달이 따라가다가 땅으로 떨어져도 "살다 보면 그렇지 뭐" 한다

달은 바람이 쓰다듬고
나뭇가지 새들이 놀아주고
밤이 가끔 이불을 덮어주며 키운다고 한다

날이 흐려 허우적거리는 날에는
냄비의 뜨거운 국물 위로
달은 새알수제비로 떠오른다
뜨거운 국물 위로 떠올라
내 입속의 달이 되어준다

주름을 팔다

한낮에는 그녀를 만날 수가 없었다
싱싱한 그에게 보여주기도 민망해서
나무 그늘에 잠시 숨어 있으라고 했다
햇빛이 비치는 동안은 거기에 있으라고
어둠이 내리면 데리러 갈 테니

비구름이 몰려오는 날에도
꼼짝없이 그늘에 갇혀 있었다

탁한 피가 푸른 우울을 내보내지 못하고
환대받지 못하는 생의 역사는
그늘 짙은 곳으로 내몰리면서
주름은 끝내 그림자에게 팔렸다
노역의 역사는 그렇게 숨겨졌다

매끄럽지 못해서 기억조차도 지우고 싶었다

세기에게

대나무 한 마디쯤도
살다 가지 못하는 나는,
무엇을 보았는가

내가 보고 있는 너는
내가 알고 있는 너는, 너이기는 할까

부엉이 같은 너의 눈을
매의 눈으로 보고 있는 나는,

지금, 이곳에서 지금의 눈으로
너를 보며, 흐르는 것들을 보기는 했을까

어차피 나는
너의 눈을 피할 수 없다

나의 세기여,
땅을 기어가는 뱀 같은 나의 세기여

이 순간을 살고 싶은데
너무 멀리 있다 너는,

단테 연가
—피렌체 베키오 다리에서

열정이 질 무렵
피렌체의 어디서나
배경이 되는 두오모를 뒤로하고
아르노강 베키오 다리 위를 걷는다

지상의 모든 사랑은
베키오 다리 위로 모여든다
베아트리체의 실루엣이 강물 위로 흘러가고
단테의 숨결이 흐르며
순백의 리시안셔스로 피었던 곳으로 모여든다

나태와 권태 속에
저물어 가는 허무의 꽃을 꺾어서
아르노강 아래로 날린다

사랑은 불타지 않는 연옥이다
사랑은 순수한 묵상이 아니다
사랑은 자라지 않는 나무가 아니다

냉정을 뒤로 던지고 강을 건너
나의 베아트리체가 기다리고 있는 곳으로 갈 것이다

하필, 재채기가 나왔다

오늘 나는 그를 죽였다.
오늘 나는 그녀를 죽였다.

우중충한 옷을 입고 걸어오는 그가 싫어서 죽였고, 꽃다발을 끌고 오는 그녀가 좋아서 죽였다. 최고의 지성을 자랑하는 교수를 죽였다. 책 한 권 읽지 않고도 멀쩡히 잘살고 있다고 자랑하는 친구를 죽였다. 이쪽도 아니고 저쪽도 아닌 중도라고 생각하는 나를 죽였다. 죽은 자의 목소리를 죽였다. 골방에 처박힌 신을 죽였고, 갱년기를 죽였고, 우울한 우울을 죽였다.

라고, 썼는데
하필, 재채기가 나왔다.

예수

이번 생도 처음이지만
오늘도 처음이라
여러 개의 가면을 준비했다

혹, 당신이 몰라볼까 봐

모래의 여자

모래 위에 쌓이는 발자국들
발자국을 지워도 남아 있는 흔적들
흔적들을 지워도 지층처럼 주름은 새겨진다
모래의 여자*는
굴러 내려온 시시포스의 바위를 피하지 않는다
밤의 시간이 저편으로 건너가도
밤의 시간을 부른다
털어도 달라붙고
씻어도 몽고반점처럼 묻어 있는 생의 모래를 안고
전갈처럼 누워 있다가
밤으로 걸어 들어온 남자를 남긴다
낮으로 걸어 나가는 여자는 손이 없다
여자는 도마뱀처럼 뜨거운 모래 위를 빠져나간다
눈꺼풀에 내려앉은 먼지가 꽃잎처럼 말린
모래의 여자는
탈출구의 문을 닫은, 남겨진 남자의 손을 잡을 수가 없다
흘러내리는 모래 아래
문을 닫은 자의 손을 잡을 수가 없다

끝없이 모래가 흘러내린다
흘러내린 모래는 달라붙는다
달라붙은 모래를 털며
털어도 달라붙는 모래를 털며
건너서 간
거기가 어디인지 모른다

---

*아베 코보, 『모래의 여자』(민음사, 2021).

번역이 필요해

내가 하는 말을
네가 하는 말을

있는 그대로 받아들인다는 말은
거짓말이야

번역이 필요해
정직한 번역이 필요해

이해와 오해 사이
번역자와 반역자 사이

오류가 우릴 갈라놓기 전에

우리의 관계는
번역이 필요해

봉곡천에서 놀다

봉곡천에 청둥오리들이 해마다 이사를 온다 새끼들까지 데리고 온다 아무리 와도 넘치지 않는다 햇볕과 풀과 물과 청둥오리들이 흘러간다 아무것도 붙잡지 않고 흘러보낸다 봉곡천에 놀러 온 나의 시들도 흘러간다 흘러보낸다

사랑은 보이는 것보다 가까이 있다

아무도 공포를 자초한 사람은 없다

지금, 바로, 이 순간을
함께한다는 것은
가파른 내리막에서 멈춰야 한다는 것인데
꺾어진 길 위에서 다시 만난 이정표
일시 정지
좌회전 신호는 멀고
홀로 가고 있음
감지 오작동
조금 늦음
어쩌면 많이 늦음

사물은 보이는 것보다 가까이 있음

영원히 늦지 않기 위해
표지의 지시대로
우선 멈춤

어서 오라는 말을
경고로 받아들이면서 간다
직진 후 좌회전

사랑은 보이는 것보다 가까이 있다

미안한 방향

화단에 핀 민들레꽃이 미안해했다

단아한 꽃밭에
우연히 날아들어 미안하다고
제멋대로 꽃을 피워 미안하다고
경계를 넘어선 자의 얼굴로
어쩔 줄 몰라 했다

그래, 나도 미안하다
뽑을 수밖에 없어서 미안하다
여기는 네가 뿌리를 내릴 곳이 아니야
매끈한 것을 좋아하는 구역이야
날아가는 것도 방향을 잘 봐야 해
바람을 잘 타고 날아가야 해

오류의 방향이 평생을 좌우한단다

제2부

함양 사과

잘 지내냐 오늘 사과 조금 보냈으니 내일쯤 도착할 게다 아주 상품(上品)은 아니니 큰 기대는 말고 심심할 때 깎아 먹어라 뭐 그리 대단한 것도 아니다 선별도 안 하고 막 따서 보냈다

함양을 품은 산바람이 먼저 도착했다
택배기사가 배달을 하기도 전에
가을밤의 창을 열고 들어왔다

작심 카페

나의 공간이여, 나를 살아있게 하는 활력이여

내가 집처럼 드나들었던, 공기청정기가 숨처럼 돌아가던, 북카페가 문을 닫았다 봉황대가 보이는 자리에 앉아서, 창가에 애처롭게 웅크리고 있던 다육이에게 가끔은 물을 주었다 애도는 사람에게 하는 줄로만 알았던 내가, 친정을 잃은 새댁처럼 눈물을 찔끔거렸다

나의 공간이여, 나의 폐 속의 공기여

검은 커피가
밥물처럼 나를 받쳐주며 자라게 하던 곳
내 삶을 다시 작심하며, 마음을 다잡았던 곳
그곳에서 귀 기울이며 대화의 장을 열며
한 아름의 책에 검은 줄을 수없이 그었으나
검은 줄들은 내게 도약을 종용하며 이제는 떠날 것을 권고했다
되는 것도 없고 되지 않는 것도 없는

캄캄한 마음을 내려놓고, 못다 나눈 대화를 내려놓고
쓴 물을 약물처럼 들이켰다

바다를 품은 고래처럼 숨을 깊이 들이마시며, 이곳을 찬찬히 안아보았다

참나무는 참나무로 살아가는가

너도밤나무, 구실잣밤나무, 상수리나무, 갈참나무
신갈나무, 떡갈나무, 가시나무, 메밀잣밤나무

참나무들 목에 팻말이 걸려 있다

참나무는 참나무로 살아갈 것을 맹세하는가
이름을 위한 맹세라니

자기 이름으로 살지 못해
개명까지 하는 세상

멀리, 위풍당당하게
가슴에 이름표를 달고 가는 이의 걸음이 멈춘다

헛개나무 아래 서서
이름표의 이름을 건다

딸기라떼가 스미는 아침

연락도 없이 온 택배 상자 안에서 딸기가 활짝 웃었다. 친구의 얼굴도 같이 왔다. 딸기 한 알, 한 알에 땀 한 방울씩 매달려 수정처럼 빛났다. 비닐하우스를 뚫고 들어간 빛의 향기도 윤이 났다. 이월의 지리산 천황봉 바람 냄새가 났다. 용추계곡 물 떨어지는 소리, 낙엽과 돌이 구르는 노랫소리도 낮게 들렸다. 빨강은 파랑을 품었다. 파랑을 품은 용기가 빨강이 되었는지도, 빨강을 하얗게 젓는 아침이 빛난다. 밤을 덮은 덮개를 걷어낸다.

잘려나가는 시간

우리들의 시간은 우아하게 잘려나간다

태풍이 올 때를 대비해서 큰 나무들은 베어내고
가지들을 과감하게 잘라내야지
— 몇 년 손볼 것 뭐 있어!
한꺼번에 손봐야지
몇 년을 손보려면 일만 많지
누렸던 그늘의 축복 따위야, 바람이지

손절할 시간이 오면
나무를 쓰러뜨리듯이
나뭇가지 뭉툭뭉툭 자르듯이
나뒹구는 나뭇가지와 잎들
함께한 추억은 길 위에 조용히 누웠다

잘려나가며 지르는 소리는 새의 음악으로 변주되고
그러나 그들은
유성이 지면 좋아라고 각자의 추억에 젖고,

두고 온 품들로 돌아갈 저녁을 생각한다

잘려나가는 시간 속에 서 있는
벌거벗은 것들이 어쩌다 떠오르면
별것 없다, 애써 눈을 감고
눈 속에 수장시킨다 소리치는 흔적들을

그들의 시간은 우아하게 페달을 밟고 협곡을 건너고 있다

의미, 라는 역(驛)

사람과 사람 사이에서 의미가 되려고 한 적 있습니다. 의미가 뭔지도 모르면서 사람이 뭔지도 모르면서 의지만 앞세운 적 있습니다. 그러나 의미는 의지와 평행선을 달리는 기차 같은 존재임을 알았습니다. 전 생애를 걸어도 닿지 못할 의미, 라는 역(驛)은 마음속에서나 겨우 볼 수 있는 환상이었습니다.

공부

벼랑 끝에 사다리를 놓고서
달이 참 가깝게 보인다고 생각했다
희미하게 보이던 토끼는 그냥 토끼였고
고라니 우는 소리만 가득했다
꿈속에서, 가고 싶었던 구름 위에 올라앉았으나
구름은 하늘 아래로 아래로 내려왔다
아래로 내려올수록 사방이 보이지 않았다
길 없는 길에 갇혔다, 동굴이었다
벼랑 끝 사다리는 침목(枕木)이 되어 있었다
내가 놓지 않아서, 놓을 줄 몰라서
사다리가 나를 버렸다고 생각했다
달 속으로 유배당한 기분이었다

어설픈 농담

침략당했다, 여기 갇혔다
그들은 보이지 않는다

까만 날들을,
모눈종이를 꺼내서 칸을 칠한다
내가 한 칸을 메꾸면
레드 모자이크 구피가 춤을 추며 와서는
긴 치맛자락으로 한 칸을 메꿔준다
긴 밤을, 너 한 칸 나 한 칸씩 칠하며 시간을 메꾼다
가끔은 칸을 메꾸며 블루스 추는 흉내를 내본다

삶은 비어 있는 칸을 채우듯이
살아가는 것이 아니라
살아내는 것이 아닌가
빈칸으로 비어 있는 날에는
생이 구멍이라도 날 것만 같은 불안으로 잠들지 못했으나
떠도는 불안은 이제 모눈종이 칸들 안에 들어와 앉아 있다

긴 밤을 웅크리며 지내는 것은,

한계를 모르고 날아갔던, 비상에 대한 최소한의 뉘우침의 깜빡이일까

무시하며 점령했던 다른 것들에게 미안해서 다리를 뻗을 수 없음일까

나의 빛나는 저녁이

열이 다섯 번을 지날 무렵이다
나무껍질처럼 말라가는 정염에 물을 주고
낮달의 행로를 가만히 지켜본다
낮별은 보이지 않고
노을 속에 사선을 긋는 새 한 마리
북국(北國)을 향해 날아가야 할 저 새는
이제 가시나무 위를 날게 될 것이다
딱히 깨친 것도 없고
그렇다고 주저앉을 수도 없는

빛나는 저녁이
가만히 내 앞에 왔다

탓하다

햇볕 과하게 먹고 잔뜩 독이 오른
청양고추를 먹었더니
속이 쓰리다

속이 아린 것은 햇볕 때문인가
고추의 독 때문인가

매운맛을 받아내지 못하는
속 좁은 내 탓이다

독서

우린 카페에서 만났다
암각화가 벽에 걸려 있었다
랭보는 여인초 잎을 뜯어서 뿌렸다
연암과 퇴계가 악수를 하며 사진을 찍는 사이
니체는 카라멜마끼야또가 싫다며
볼이 풍선처럼 부풀었다

왈츠 음악이 흘렀지만 아무도 춤을 추지 않았다
아인슈페너만을 고집한 플라톤이
마우스를 움직이며 커서를 내리자
별들을 모조리 화면 위로 옮겨왔다

요즘은 달고나커피만 찾는다고 투덜거리는
카페 주인의 목소리가 들려왔다

패션후르츠를 마시고 돌고래 시인이 문을 빠져나갔다
창밖엔 비가 내리고 있었다
노자와 장자는 토란잎을 쓰고 나갔고

우산을 던져버린 비트겐슈타인이 들어왔다
레비나스는 메밀차의 메밀을 멧새에게 던져주고 있었다

눈이 내리지 않아 카페는 아직 성업 중이다

줄무늬는 마음에 비처럼 내려온다*

수줍은 얼굴로 현관 앞에 서 있는 이
줄무늬 양복을 입고 문을 두드린다
누구신지,
고향이 뱅갈이라고만 한다
긴 한숨 소리를 따라
이곳까지 단숨에 왔다고
문밖에서 초록을 길어 올려
현관 안으로 뿜어준다
내 얼굴에 초록 물이 오르면 돌아가겠단다

---

*뱅갈고무나무에 대한 단상.

달의 미로

달이 참 예쁘게 떠오르는 밤이었다

개와 함께 어슬렁거리며 강가를 산책하다가

나는 개를 보고 웃고

개는 달을 보고 웃고

이번 생은 처음이라서 우리는 함께 짖었다

인정의 무게

투쟁마저도 불사하는 무게 앞에서
무릎을 꿇었다
잘난 척하는 사람도 인정의 역,
묘비명에 남길 한 줄을 위해서 사는 것일까

인정 없이 살 수 있다면
가방끈 싸움은 하지 않을 텐데
승리는 가벼운 위락을 안겨준다
위락은 사과 한 입도 되지 못해서
먹을수록 허기가 진다

허기진 사람들은 자동인형을 품고 산다
버튼을 누르면 자동으로 인사하며
사랑합니다, 당신이 최고입니다!
버튼을 끄기 전에는 그치지 않는
목적이 되어버린 세뇌가 밑바닥을 드러낸다

가물었던 논바닥을 뒤집어엎고

내 입안에서 따뜻하게 꽃잎을 피워보는 수박에
내가 피워내야만 하는
무게 없는 무게의 정이 만난 곳에서
얼었던 강이 풀어져 내 입술 위로 흐른다

자아비판

허영을 넘어서고자 하는,

그것은
쓸모없는 그림자를 잘라버릴 수 있는
용기

그늘 없는 쉼터에서의
명상

제3부

독백과 여백 사이

바람이 부는 날에도 아무 말 없이 동행해 주는 사람이 되었으면 좋겠다. 당신이 아무것도 아닌 것에 화를 내더라도 그냥 이해해 주는 사람이 되었으면 좋겠다. 아니, 당신의 아무것이 되었으면 좋겠다. 당신을 못난 사람이 아닌 따듯한 사람으로 인정해 주는 품 넓은 느티나무 그늘이 되었으면 좋겠다. 성난 당신에게 꽃 한 송이 건넬 줄 아는 그런 지혜로운 사람이 되었으면 좋겠다. 나의 이 독백이 당신 삶에 여백이 되었으면 좋겠다.

머물렀던 곳은 아름답다

나, 먼 길을 떠나왔었네
이제는 돌아가는 길
이곳이 쉽지만은 않았다
이곳의 사랑이 조금은 쓸쓸했으나
후회하지 않을 만큼은 사랑했다

오래 머물렀던 곳은 아름답다
짧았던 것은 찬란하고
높은 봉우리는 잠시 머무르는 곳
푸른 열정과 청춘을 묻고
구름이 머물다 가듯 떠나야 한다

더욱 작은 것들을 환대하며
먼 곳을 배회하는 소리를 듣고
뜨겁게 빛나지는 않아도
배꽃 위에 달빛처럼
오래도록 고요하게 내려앉고 싶다

오래 머물렀던 곳은 아름답다
오래 머물렀던 사람은 더 아름답다

입을 맞춘다는 것

까만 밤이 달을 한입 베어 물 때,
꽃술 내밀듯 입술을 내민다

대추 한 알이 몽돌을 반으로 나눌 수 없듯이
어둠을 머금고 햇볕을 토해낼 수 없듯이
나비가 유채꽃을 지나칠 수 없듯이

세상에서 제일 어려운 일은
입을 제대로 맞추는 것

손발을 맞추듯 입을 맞춘다
입을 맞추면 맞출수록 각도가 어긋난다

서로는
바람비 들이치기도 전에
옛 산성의 돌 빠지듯 빠져나간다

물방울이라도 되어

만 개의 물방울 중
한 물방울이라도 되어

만 밤을 자고
또 만 날을 세다가
그대의 발가락을 간질이다가
해의 눈썹 사이로 빠져나갈 것이다

만 개의 물방울 중
한 물방울이라도 되어

소 눈처럼 껌뻑이며
저무는 달의 눈썹 위로 기꺼이 올라
한 송이 꽃을 피울 수 있다면
너의 손을 잡을 수 있다면

사물이 어둠에 잠길 때

거리에는 무덤이 넘치고 있네요
서로를 받아주지 못해서
슬픔이 애도가 되지 못해서
술은 위안의 지위를 내려놓았다지요

아직, 별의 세계로 갈 수가 없네요
이 저녁, 나와 같이 걸어 줄래요
나의 손을, 나의 팔을, 나의 어깨를 잡고

목울대가 젖어 오지만, 이유를 말하고 싶지 않아요 그물에 걸린 물고기처럼 이유가 파닥거리고 있네요 바람에 밀려갈 때도 있어요, 꼭 집채만 한 파도에 밀려가는 것은 아니에요 하소연을 땅에 묻었지만, 공기방울이 되어 귓바퀴를 돌고 있네요

외딴집 지붕 위의 박 한 덩어리처럼 사람이 어둠 속에 잠기고 있네요 밤하늘의 별이 내려오지 않아 외로운 사람이 이미 굳어지고 있나 봐요 바람을 따라간 어느 저녁이 오리나무 잎

처럼 바스라지고 있네요 저기에, 바로 저기에, 지나가는 사람들이 서로 밀리고 있네요 밀치고 밀리면서 걸어가는 저녁이 허옇게 얼어붙고 있네요 어둠 속에서 반달칼이 자라고 그 칼이 꽃잎을 베어도 누구 하나 울지 않네요 오리나무 잎이 지는 저녁이 밟히고 있네요, 말이 바스락거리는 저녁이 잠기고 있네요

하얀 입술들이 밀가루 반죽처럼 밀리고 있네요, 바리케이드 없는 세상에서

감정이 접히다

주머니 속 꼬깃꼬깃한 명세서가
큼큼거리는 동안

일그러진 것들은 버려 달라고
발포용 비타민처럼 부글거린다

눈은 해바라기밭으로 가고
손은 어둠을 붙들고 있다

흐릿하게 눈부신 날이 접히고
탈출의 접힘이 접힌다

태양빛 속에서도 접히는 일그러짐
접히지 않는 날은 세계가 접히는 날

우리의 기억은 언제나 멀다

너에게 닿고 싶어서 사정없이 내려섰다
서 있는 네 생각은 하지 못하고
빗방울이 되어
떨고 있는 너를 타고 흘러내려 가본다
앞서는 마음이 미끄러져 내릴 뿐

유리잔에 넘치는 거품처럼
네 마음으로 흘러들어 가지도 못하고
찬비가 두드리는 유리창에
맹한, 닿지 않는 기억이 젖어 내렸다

아무리 부어도
우리의 기억이 정직하지 않아서
시린 목이 젖지 않아서 칼칼하다
시린 목이 울지 않아서 갈갈하다

우리의 사랑했던 기억은 말갛게 멀다
우리의 미워했던 기억은 뿌옇게 생생하다

허약한 내가 허기진 너를

아무도 나에게
물결조차 보내지 않고
새는 침묵하고
바람이 꽃잎 하나 건드리지 않았지만
내 안의 화살나무 촉이 돋아났다
화살나무가 자랄수록
정념의 피가 속도를 내며
허약한 내 안에 화살나무 줄기를 키운다

잡히지 않는 너는
문 앞에 선 너는
들꽃 한 줌 들고
부스스한 얼굴로 조용히 다가왔다
무성히 자란 내 화살나무 줄기를 붙잡고
허기진 너는 초승달처럼 기울고
나도 네게 기울어진다

허약한 내가

허기진 너를 받쳐주는 것은
이렇게, 무겁고도 가볍다

개요등

네 등을 보고 싶지는 않다

여름 한낮, 보랏빛
네 입술에 입 맞추고 싶어서
졸졸 뒤쫓아 다니다가
해가 저물었다

해를 삼켜버린
권태를 삼켜버린

그 입술 속으로 들어가고 싶어서

하루쯤
미치고 싶을 때가 있다

아름다움에 대하여

아름다움은 품는 것이다

내가 아름다움으로 보니
네가 아름답게 피어났다

아름다움은 피게 하는 것

네가 아름다움으로 보니
나도 꽃으로 피어났다

아름다움은 에로스를 들어올린다
에로스는 아름다움을 삼킨다

우리 사이

무겁고 가벼운 따뜻한 기운이
낯섦과 이해 사이를 뚫고
욕망과 권태 사이를 밀고 들어온다

너를 알 수가 없고
나도 나를 딱히 알 수가 없다

선명해질수록 점점 멀어지는
자막처럼

안다고 사랑하는 것은 아니다
트러블이 있다고 사랑하지 않는 것은 아니다
모른다고 사랑하지 않는 것은 아니다

익숙한 목소리가 아니어도
서로 손을 잡으면
우리 사이에 별들의 강이 흐른다

낯선 별들이

더 오래 기억에 남는다

다음이라는 말

다음에 우리 밥 먹자는 말을 진심으로 믿고
그녀에게 전화를 했다.

다음이라는 다음이 딱히 기간을 정해놓은 것이 아니라서 정확히 언제냐고 물어봤어야 했다. 다음은 또 다음을 말하니까, 다음에 밥을 먹자 하고 전화를 끊을 수밖에 없었다.

다음이라는 물웅덩이 속에 구름이 내려와서 놀다가 세수까지 하고 말끔히 올라가도, 다음은 또 오고 있었다. 다음은 또 내려가고 있었다.

이름이라는 당신

당신의 이름에서 소라고동 냄새가 난다
당신의 이름에서 소라고동 우는 소리가 들린다

당신이 가진 돌기를 건너서
당신의 주름에 이름을 새긴다

당신은 손에 잡히지 않는다
바람을 타고 잠자리처럼 돌고 있다

언젠가는 나를 먹고
나의 영혼까지 먹을 당신의 그늘이다

이제 내 어깨에 기대보렴

오늘은, 우리가 손을 잡고
삶의 긴 여행을 떠나는 날
여행길에 손을 아주 꽉 잡지는 말고
가끔은 손을 놓고 앞서거니 뒤서거니
나무 아래 잠시 서서 바람에 흔들려도 보자

이제 내 어깨에 기대 보렴
어깨를 내어 줄게
서로에게 바칠 꽃다발을 만들며
가끔은 손을 놓고, 서로 보고 싶은 것을 보며
사랑의 무게로 서로를 누르지는 말자

우리가 주름이 질 때는 그림을 그리자
수많은 점들이 모여서 그림이 되듯이
삶은 수많은 주름들이 모여서 만들어지는 것
삶은 주름이 지는 것
사랑도 주름이 지는 것
주름이 져야 펼쳐지고 꽃이 핀단다

너와 나의 입술로 말의 꽃을 피워보자
무성한 말의 꽃들이 마당에 피고
미래의 꽃봉오리들이 피는 계절이 오면
아름다운 사람들을 오늘처럼 초대하자

너여서 참 좋다, 오늘이 향기롭다
너와 함께 맑은 날들을 누리고 싶다
파란 하늘이 고와서 눈부신 오늘
너와 함께 시작해서 눈부신 오늘

손을 잡고 세상 밖으로 걸어가자
함께 오래도록, 아름다운 너와 나 둘이서

마음이 질 때

더 이상 줄 것이 없었다
이미 모든 밤을 다 주었으므로

검은 밤이 잠들지 못해서
잠을 설쳤다

물기를 다 짜내어서 줬지만
마른 흙처럼 말라
미련 없이 떠났다

바람이 젖은 말들은 모조리 감아서 갔다

투둑 투둑 떨어지는 소리
아무도 듣지 못했다

제4부

조슈아트리*

이편의 내가
저편의 너를 증명해야 할 때

에고가
피 흘리며 울었다

논리로 맞설 수 없는 게
분명 있다

나는 어디에 있냐고
너는 누구냐고

묻는다

카오스의
새벽

---

*조슈아트리 국립공원(미국 캘리포니아주 남동부)에 있는 조슈아트리는 여호수아 나무다.

매끄러움의 미학

인간은 언젠가 사이보그를 사랑하게 될 것이다

조각이 된 비너스의 빛나는 아름다움 위에
불빛마저도 미끄러져 내리고 있다
바람이 뫼비우스의 띠처럼 감기면
신화가 된 비너스 조각품들은
전시장을 배회하다가 거리로 나선다

아무것도 낳지 못하는 거룩하게 아름다운
완전한, 매끄러운 조각들은
또각거리는 소리로 거리를 쓸며 걸어간다
피가 돌아서 서글픈, 인간의 역사
화, 분노, 사랑, 미움, 아픔
눈물은 피 같다

점액의 피가 도는 박제가 되어야 하고
언젠가 서글픈 정념은 조각상이 되어야만 할 운명이다

유칼립투스 로망스

태양이 눈을 가린 날
아프로디테는 아름다움을 사랑하는 청년들에게
유칼립투스 한 그루씩 나눠주었다

아름다움은 숭배를 부르고
숭배의 춤들이 환희에 젖었을 때
질투를 깊이 박은
유칼립투스의 가지와 잎들은 화살이 되었다
화살은 빌딩의 숲을 날아 어두운 집들을 두드리며
고독한 창문을 뚫고 들어갔다

추앙에 목마른 청춘의 덫,
숭배가 자라지 않는 곳은 어디에도 없었다
질투가 자라지 않는 곳은 어디에도 없었다

숭배의 흔적, 유칼립투스, 창에 기대섰다

장유사 가는 길

아유타국에서 가야로 오는
바닷길, 신행길은 참 멀었지요
파사석탑을 싣고 풍랑을 맞서며 흔들리며
수로를 만나러 오는 길, 해무를 안고 오는 길
오빠의 어깨가 해무를 안고 파도를 다 안았지요

나 다시 태어났어요, 여기 김해에서

불모산에 있는 오빠를 찾아가고 있어요
나를 지켜주던 눈썹이 유난히 짙은 오빠
먼 길을 마다하지 않고 푸른 깃발을 높이 들고
눈꺼풀 내려앉아도 눈을 부릅뜨며
나를 바라보던 큰 눈을 아직도 기억해요
레테의 강물이 저를 비켜 갔어요
오빠는 세속의 지위보다
더 큰 지위를 위해 청정한 숲으로 가서도
나의 일곱 아들마저 거두어 주었지요

이제는 오빠를 찾아가는 길

청정한 숲의 기운이 넘쳐 아래로 내려오는 날
설송나무 아래로, 오빠를 만나러 가고 있어요
눈 쌓인, 고요한 달빛이 내리는 날
장유사 뜨락을 지나 설송나무 아래로 가고 있어요
나무 아래에 낀 이끼들이 긴 세월 묵묵히
오빠의 말을 받아 적어 놓았네요
금바다를 내려다보며 그날을 이야기해요

오빠가 있었기에 가야의 수로를 만날 수 있었다고

감히 아름다운

살아남는 것은 고통스럽지만

살아가는 것은 아름답다

가끔은

가끔은
희망이 하는 말,
꿈이 하는 말이 버거워요
희망도 많이 먹으면 소화불량에 걸리나 봐요
희망을 생각할수록
줄기가 뻗기도 전에
잎들이 먼저 시들어 가기도 해요
참 이상하지요

오늘 하루는
찻잔 속에 희망을 넣어둘래요
가끔은
희망도 우리의 위장처럼 쉬어야 하거든요

자전거가 쉬지 않고 달리면
펑크가 나는 것처럼

다이어트

언제부터인가 나의 소리가 들리지 않았어요
나의 바다에서 나는 소라의 노랫소리도

쉿, 이건 비밀인데
나는 루비를 키우는 밭을 가지고 있었거든요
루비 밭을 가꾸느라고 아무 소리도 못 들었어요
얼마나 열심히 가꾸었던지
손가락들은 심심할 틈이 없었지요
이때부터였나 봐요
엉겅퀴꽃들이 서로 엉키기 시작한 때가,
나는 무성한 숲에서 그만 길을 잃고 말았어요

소라의 노랫소리 들려오지 않는다고
나의 바다가 저녁마다 말했지요

바다는 울다가 산기슭을 치고 올라왔지요
무성한 엉겅퀴가 꺾여 넘어지며
달콤 씁쌀함이 물속에서 허우적거렸어요

나는 허영이 해파리처럼 달려들며 쏘는 밤에
끈적한 욕망을 달래며
바다의 노랫소리, 소리를 찾아가고 있어요

아오리

우연실생 골든 딜리셔스와
저녁노을 홍옥이 블루스에 젖었다
달빛도 별빛도 모두 숨었다
아, 오직 리치에 맞는 밤이란 없다
푸른 풀들이 눕는 밤이었다

세상의 우아한 것들을 이기는 것이 있다
우아한 것들은 풋풋함을 받들다가 멍이 든다
익어가는 것 앞에서 고개 숙이지 않는,
젖은 노을이 맑은 길을 찾아가고 있다
서럽게 푸른 영혼 앞에서 멈춰섰다

아홉 꼬리, 숨이 깔딱 멎었다
여우도 숨죽이며 울지 않는 밤이었다

무거워, 지다

브레이크도 밟지 않고
직진하는 봄은,
통째로 뛰어내리는 꽃잎을 막을 길이 없다

봄의 기억 속에는 여름이 없고
여름의 기억 속에는 가을이 없다

초록의 버거움을 이기지 못하고
구름이 비를 피해 땅으로 내려오듯

꽃을 보내고서야 초록이 오고,
초록을 보내고서야 허무를 건너갈 색이 올 것이다

무거워지다, 무거워지다, 무거워지다가,
무거움에 질 것이다

수언흐엉 호수에서

아홉 날을, 빠짐없이
하루에 두 번씩
지나간 나의 봄을 찾아서
달랏의 호숫가를 아프도록 걸었다
기차역으로 가면서도
다딴라 폭포를 가면서도
린푸옥사원을 찾아갈 때도 이곳을 지나갔다

비가 오는 날에도,
짐처럼 안고 간 나의 번잡을
받아 내려주며, 호흡을 가다듬으라고 한다
봄의 향기가 내 입속으로 들어왔다
이제 나의 잎을 피울 수 있겠지

비에 씻긴 얼굴들이 지나가고
호숫가 불빛이 길을 비켜 내려선다
오토바이가 가부좌를 틀고 앉은 호수에
구름이, 하얗게 꽃으로 내려앉는다

호수 안으로 들어와 봄꽃을 피운다

붙잡고 있는 말들을
일그러진 얼굴들을
보내거라 보내거라 맑게 보내라고
지나가라 지나가라 걸림 없이 가게 하라고

걸림의 돌을 던지고 봄을 안고
돌아서서 왔다

상자

상자 속엔
겨우내 기다리던 것들이 아우성치고 있다

상자 속에서
꽃이 되기 직전의 숨결들이 싹을 틔우고 있다

상자 속에선
돌멩이도 꽃을 가지려고 힘쓰고 있다

상자 속으로
캄캄한 강물이 흘러들고 있다

입추

길을 나서 닿을 곳을 찾았으나
닿지 못해 여물지 못했다
나는 푸르게 길 위에 서 있다
감포바다 파도가 싸라락거리고
발을 반쯤 뭍에 딛고 섰다

지심도

오직 혼자서
닿아야 하는 곳에서
홀로
익어갔다
마음의 끝까지
깊게

미련 없이 나를 놓을 수 있는 곳에서만
제대로 붉어진다

봄, 외치다

그녀는 분홍 드레스를 입고 있는 중이다

꿈틀,
여기 있어요
밟지 마세요
힘껏 밟지는 마세요
숨 쉬고 있어요
내 숨소리가 들리나요

내 눈을 보고
내 숨소리를 들어보세요
내 말을 좀 들어보세요
나를 붙잡고 일으켜 주세요
일어나고 싶어요
당신의 손을 잡고 싶어요

이제 웨딩드레스를 다 입었어요

가을 숲의 전설

가을 숲에서 유성우가 쏟아져 내렸다

별이 되고 싶은 사람은 모두 가을 숲으로 갔다

너와 나의 거리가 멀어서
너와 나 사이의 섬을 건너고 싶어서
홀로 익어 가고 싶은 사람들은
가을 숲으로 걸어 들어갔다
바람과 빛과 수런거림과 이야기로 가득 찬
그곳에서 아무도 외롭지 않았다
누군가를 따뜻하게 내려다보고 싶으면
모두가 별이 되었으니까
모두 어깨를 기대고 있었으니까

혼자여서 더욱 혼자이고 싶은 사람들도 모두 가을 숲으로 몰려갔다
바람이 얼굴을 만지며 지나가자 얼굴들은 나뭇잎이 되었다

손을 잡고 싶은 바람은 가을 참나무 아래서
한밤중에 옅은 웃음소리 흘리며 바스락거렸다

꽃무릇

못다 한 말들은

다음 생에 하기로 하자

해설

마음으로, 세계에서 떨어지기

고영(시인)

1.

우주는 비틀리고 구부러진 시공간의 두꺼운 직물이다, 라는 비유를 우연히 만났다. 중력을 설명하는 과학 프로그램이었다. 중력에 대한 인식이 조금은 바뀌게 되는 계기가 되었다. 물고기가 물을 의식하지 않고, 새가 대기를 의식하지 않는 것처럼 우리는 일상에서 중력의 작용을 의식하지 않고 산다. 손에 쥐었던 사과를 떨어뜨리거나 산책길에서 우연히 꺾인 나뭇가지가 발 앞에 떨어지기 전까지는 그렇다. 경이(驚異)까지는 아니더라도 의식을 건드리는 작은 사건이라도 있어야만 우리는 우리가 이 작은 행성의 중력에 붙들린 존재라는 것을 깨닫는다. 상식 차원에서 중력은 '질량에 의해 생기는 끌어당기는 힘'으로 이해된다. 따라서 질량이 큰 쪽의 중력이 더 세고, 질량이 작은 것을 자기의 중심으로 끌어당긴다. 중력에는 한계가 없다. 즉, 멈춤이 없고 제한 조건도 없다. 조금 더 비약하자면, 나와 세계, 개인과 집단의 대결에서 패배하는 쪽이 항상 '나와 개인'일 수밖에 없는 이유도 이 중력 작용을 통해 과학적으로 해명할 수 있다.

하지만 문제는 예기치 않은 방향에서 불거진다. 개인을 가시적인 물리적 '실체'라고만 이해하면 아무 관계가 없지만, '살아가는', 혹은 '살아 있는' 존재라는 의미의 차원으로 바꿔 이해하려면 갑자기 문제가 복잡해진다. 우리는 몸(신체)의 조건만큼이나 마음(정신)의 상태에 따라서도 영향을 받는 존재이기 때문이다. 그렇다면 마음은 최소한 우리 몸의 무게, 즉 체중 정도의 질량을 가져야 한다. 마음이 같은 질량 정도의 힘으로 끌어당기지 않는다면 우리는 몸의 기본 욕구인 식욕, 수면욕, 성욕 등으로부터 자유로울 수 있을 것이다. 그러나 욕구, 욕망으로부터 자유롭기가 어디 쉬운가. 욕구를 충족하기 위해 매 순간 최선을 다하는 것이 인간이고, 그것이 인간에 대한 정의라고 해도 틀린 말은 아닐 것이다.

하영란의 이번 시집, 『미안한 방향』은 세계 속에서 구성원으로 살아가야 하는 한 개인의 오류에 대한 뼈아픈 성찰과 그 오류를 스스로 교정해 온 고심의 기록으로 가득하다. 세계는 압도적인 무게와 힘으로 시인의 내면을 짓누른다. 그때마다

시인은 딱딱하게 굳은 마음을 꺼내 다독이며 세계에서 떨어져 나온다. 시인이 꺼내 든 그 마음은 현존재의 최소이자 최후의 원소이다.

> 검은 커피가
> 밥물처럼 나를 받쳐주며 자라게 하던 곳
> 내 삶을 다시 작심하며, 마음을 다잡았던 곳
> 그곳에서 귀 기울이며 대화의 장을 열며
> 한 아름의 책에 검은 줄을 수없이 그었으나
> 검은 줄들은 내게 도약을 종용하며 떠날 것을 권고했다
> 되는 것도 없고 되지 않는 것도 없는
> 캄캄한 마음을 내려놓고, 못다 나눈 대화를 내려놓고
> 쓴 물을 약물처럼 들이켰다
>
> 바다를 품은 고래처럼 숨을 깊이 들이마시며, 이곳을 찬찬히 안아보았다
>
> —「작심 카페」 부분

개념으로서 인간은 시공간이 빚은 존재이다. 하지만, "지금, 바로, 이 순간"(「사랑은 보이는 것보다 가까이 있다」)을 의식하는 과정에서 정작 중요한 것은 '어디'라는 공간 감각이다. 인생의 초반부에 시간에 집중하다가 나이가 들수록 정서가

형성된 공간에 집중하는 것도 마찬가지다. 시인은 "나의 공간이여, 나를 살아 있게 하는 활력이여"라는 최상의 찬사로 인용한 작품을 시작한다. '작심 카페'라 이름 지어진 그 공간은 '공기청정기와 다육이'가 있고, 창밖으로 '봉황대'가 보이는 북카페일 뿐이다. 하지만 시인에게는 "밥물처럼 나를 받쳐주며 자라게 하던 곳/내 삶을 다시 작심하며, 마음을 다잡았던 곳"이다. 나아가 문을 닫는 순간에도 시인은 "친정을 잃은 새댁처럼 눈물을 찔끔거렸"지만, 오히려 그 공간은 수없이 검은 줄을 그었던 한 아름의 책의 이름으로 "내게 도약을 종용하며 떠날 것을 권고"한다. 작심이 "딱히 깨친 것도 없고/그렇다고 주저앉을 수도 없는"(「나의 빛나는 저녁이」) 상태로 차츰 무뎌지는 것을 경계하고 있는 셈이다.

시인이 '작심 카페'라 이름 붙인 곳은 특별한 하나의 장소일 뿐이지만, '작심'은 자기 본령을 찾기 위해 되풀이하는 행위이다. 유사한 작품으로 「풋사과의 비행」에는 "아버지 몰래 따온/가방 속 사과가/도서관 책상 아래로 굴러떨어졌다"라는 정황이 등장한다. 어쩌면 '도서관'은 시인의 마음속 '작심 카페'였을지도 모른다. 하지만, 그 공간에서는 일말의 긴장이 형성된다. 처음에는 "아버지 몰래 따온" 즉, 허락받지 않은 '사과'가 주된 원인이었지만, 일종의 비행이 계속되면서 '빌 게이츠, 칸트, 조지 오웰, 읽어버린 시간(마르셀 프루스트), 기형도, 스티브 잡스, 노무현' 등등이 일종의 동경과 압박으로 등장한다. 사과를 허락받지 못한 것처럼 앞에 나열된 인물들에 대한 이해도 허락되지 않은 것일지도 모른다는 불안이 스며드는 것이다. 이 작품은 '풋사과의 비행'이 "다 늙어빠진 사과가/종적을 감췄다"라는 비극적인 결말을 보여주지만, 전체 과정을 요약하는 기록을 남겼다는 점에서 애틋하지만 슬프지는 않다고 할 수 있다.

2.

우리는 모두 불가피하게 '나중'을 산다. 세계, 언어, 가족 등은 내 존재와 관계없이 존재한다. 즉, 내가 태어났기 때문에 만들어진 것이 아니라는 것이다. 나는 태어나는 순간 불가피하게 각 층위에 해당하게 될 뿐이다. 세계와 언어와 가족이 먼저고 나라는 존재는 늘 나중이고 받아들이지 않으면 배제된다. 그래서 진정한 시인은 고독한 일인 왕국의 왕이며 유일한 백성일 수밖에 없는 것인지도 모른다.

화단에 핀 민들레꽃이 미안해했다

단아한 꽃밭에
우연히 날아들어 미안하다고
제멋대로 꽃을 피워 미안하다고

경계를 넘어선 자의 얼굴로
어쩔 줄 몰라 했다

그래, 나도 미안하다
뽑을 수밖에 없어서 미안하다
여기는 네가 뿌리를 내릴 곳이 아니야
매끈한 것을 좋아하는 구역이야
날아가는 것도 방향을 잘 봐야 해
바람을 잘 타고 날아가야 해

오류의 방향이 평생을 좌우한단다

―「미안한 방향」 전문

이 작품은 이번 시집의 표제작이다. 여기 등장하는 '민들레'는 그간 숱한 작품에서 아름답거나 위대하다고 칭송되었던 모든 꽃으로서의 미덕을 한꺼번에 잃고 만다. 그 이유는 민들레의 본질에 있지 않다. 작품의 표면에 잘 드러나듯 진짜 이유는 그 공간성에 있다. '화단', 그러니까 "단아한 꽃밭"에 "제멋대로 꽃을 피워" 생명력을 자랑했기 때문에 민들레는 한순간 범죄자의 초상화 같은 "경계를 넘어선 자의 얼굴"이 되고 만다. '화단'은 단순히 들판의 다른 구역이 아니라, 목적과 지배 원리가 다른 상위의 층위를 상징한다. 여기에는 분명하게

'보기 좋음과 나쁨'이라는 가치 평가의 기준이 작동한다.

이어지는 연에서 시인은 "화단에 핀 민들레꽃이 미안해했다"라는 자기 판단을 근거로 "그래, 나도 미안하다"라고 응대한다. 하지만 '경계'의 이쪽과 저쪽에서 '미안'을 말하고 있는데도 민들레는 뿌리가 뽑히고 만다. 미안해하는 마음은 실제로는 행위의 큰 동기가 아니다. 화자는 "여기는 네가 뿌리를 내릴 곳이 아니야/매끈한 것을 좋아하는 구역"이라며 민들레가 제거되는 이유를 설명하고 "날아가는 것도 방향을 잘 봐야 해"라고 미래를 위한 충고까지 덧붙인다. 이 친절은 시인의 마음과 행위가 심각하게 갈등하거나 이격(離隔)되고 있음을 암시한다.

> 투쟁마저도 불사하는 무게 앞에서
> 무릎을 꿇었다
> 잘난 척하는 사람도 인정의 역,
> 묘비명에 남길 한 줄을 위해서 사는 것일까
>
> 인정 없이 살 수 있다면
> 가방끈 싸움은 하지 않을 텐데
> 승리는 가벼운 위락을 안겨준다
> 위락은 사과 한 입도 되지 못해서
> 먹을수록 허기가 진다

허기진 사람들은 자동인형을 품고 산다
버튼을 누르면 자동으로 인사하며
사랑합니다, 당신이 최고입니다!
버튼을 끄기 전에는 그치지 않는
목적이 되어버린 세뇌가 밑바닥을 드러낸다

가물었던 논바닥을 뒤집어엎고
내 입안에서 따뜻하게 꽃잎을 피워보는 수밖에
내가 피워내야만 하는
무게 없는 무게의 정이 만난 곳에서
얼었던 강이 풀어져 내 입술 위로 흐른다

—「인정의 무게」 전문

세계를 인정 투쟁의 장(場)으로 이해한 철학자가 있었다. 그로부터 두 세기가 지났건만 '인정(認定)'은 '인정(人情)'으로 탈바꿈하지 못했다. 그저 "묘비명에 남길 한 줄을 위해서 사는 것일까"라는 의심이 더 짙어지고, '가방끈 싸움'에 지치거나 승리의 위락이 '사과 한 입'조차 되지 못한다는 걸 알아챈 사람들마저도 앵무새처럼 되풀이 인정해 주는 '자동인형'을 품고 살려고 한다. 물론 시인은 그 세계를 인정하지 않는다. 오히려 "가물었던 논바닥을 뒤집어엎고/내 입안에서 따뜻하게 꽃잎을 피워보는 수밖에" 없다고 다그친다. "내가 피워내야만 하는/무게 없는 무게의 정이 만난 곳"을 시인은 알고 있거나 최소한 상상할 수 있기 때문이다.

시인은 비록 한자를 병기하지 않지만 '인정'처럼 동음이의어를 통해 긴 수식이나 표현을 통하지 않고 능숙하게 의미의 차이를 생성하고 있다. 시인의 마음은 아직 우리가 함께 가져야 할 어떤 '의미'가 인정 투정 이전에, 즉 선험적인 층위들보다 앞에 있어야 한다고 믿지만, 실제에 있어 그 믿음의 실패를 아프게 인정한다.

> 사람과 사람 사이에서 의미가 되려고 한 적 있습니다. 의미가 뭔지도 모르면서 사람이 뭔지도 모르면서 의지만 앞세운 적 있습니다. 그러나 의미는 의지와 평행선을 달리는 기차 같은 존재임을 알았습니다. 전 생애를 걸어도 닿지 못할 의미, 라는 역(驛)은 마음속에서나 겨우 볼 수 있는 환상이었습니다.
>
> —「의미, 라는 역(驛)」 전문

이 작품은 시인의 마음이 '정념(情念)'으로 딱딱하게 변하게 된 이유와 그 결과를 간명한 비유를 통해 보여준다. 작품은 "사람과 사람 사이에서 의미"가 형성된다는 주류 사상에서 계기적으로 형상화된다. 이어서 "의미가 뭔지도 모르면서 사람이 뭔지도 모르면서 의지만 앞세운 적 있습니다.”라는 성찰적 고백이 이어진다. 이 생각은 “의미는 의지와 평행선을 달리는 기차 같은 존재”라 여기게 하는데 이와 유사하게 「공부」라는 작품에는 벼랑에 놓았던 ‘사다리’가 동굴로 향하는 ‘침목(枕木)’이 된다. 여기서 사다리는 ‘달’에 가까이 가기 위해 놓은 것이고 인용 작품의 ‘의미’는 사람과 사람 사이를 잇기 위해 놓은 것이다. 결국 ‘의지’란 ‘벼랑에 사다리를 걸치는 것’처럼 어떤 결과를 상상하기 이전에 동기나 목적에 의해 만들어진다.

하영란 시인은 ‘세계는 원래 그런 것이다’라는 사실을 감각과 일종의 체험으로 알아버렸다. 시인보다 세계는 크고 무겁고 힘이 세다. 그 중력에 빨려 들어가지 않기란 거의 불가능하다. 따라서 시인이 보이는 자기 비하에 가까운 「자아비판」은 무감각하게 세계에 흡수되기보다는 버티며 주어지는 고통을 인내하겠다는 자기 선언에 가깝다. 그 선언 만큼이나 “쓸모없는 그림자를 잘라버릴 수 있는/용기”를 가진 존재는 찾아보기 어렵다. 더욱이 “햇볕 과하게 먹고 잔뜩 독이 오른/청양고추를 먹”고 쓰린 속을 “매운맛을 받아내지 못하는/속 좁은 내 탓이다”(「탓하다」)라고 인정하는 존재는 더더욱 그렇다.

시인이란 존재에게 어찌할 수 없는 세계란 곧 그의 언어일 것이다. 내가 말하고 남이 이해하거나 오해하는 일상의 발화(parole) 이전에 어떤 구조로 존재하면서 시인에게 무시무시

한 중력을 행사하는 언어(langue)가 있다. 체계로서의 언어, 그 힘 앞에서는 "너를 알 수가 없고/나도 나를 딱히 알 수가 없다"(「우리 사이」)는 표명이나 "다음이라는 물웅덩이 속에 구름이 내려와서 놀다가 세수까지 하고 말끔히 올라가도, 다음은 또 오고 있었다. 다음은 또 내려가고 있었다."(「다음이라는 말」)라는 비유마저도 어떤 고정된 사실과 관련되기 이전에 구조상의 상, 하위 체계의 관련성이 먼저 드러난다. '다음'은 그것이 말해진 순간의 요소들과 상관없이 사전에 정의된 '다음'으로 의미를 확정하지 않고 지연시킨다.

오늘 나는 그를 죽였다.
오늘 나는 그녀를 죽였다.

우중충한 옷을 입고 걸어오는 그가 싫어서 죽였고, 꽃다발을 끌고 오는 그녀가 좋아서 죽였다. 최고의 지성을 자랑하는 교수를 죽였다. 책 한 권 읽지 않고도 멀쩡히 잘살고 있다고 자랑하는 친구를 죽였다. 이쪽도 아니고 저쪽도 아닌 중도라고 생각하는 나를 죽였다. 죽은 자의 목소리를 죽였다. 골방에 처박힌 신을 죽였고, 갱년기를 죽였고, 우울한 우울을 죽였다.

라고, 썼는데

하필, 재채기가 나왔다.

—「하필, 재채기가 나왔다」 전문

세계는 빠르게 변한다. 굳이 신봉자가 아니더라도 그 변화의 외형과 내용을 접하게 되면 감탄하지 않을 수가 없다. 시인은 앞에서 인용한 작품에서 인정에 목마른 사람들이 품고 사는 '자동인형'을 언급했지만, 지금 인공지능의 기술적 수준은 "사랑합니다, 당신이 최고입니다!"라는 광고의 카피 같은 속삭임을 넘어선 지 오래되었다.

앞의 작품이 SNS에 작성 중이었는지, 시작 노트에 메모하는 중이었는지는 분명하지 않다. 다만 2연에 등장하는 인물들의 다양성, 아니 어떤 사유나 사건의 기술이라면 한꺼번에 등장하기 어렵기에 SNS상의 글쓰기로 보는 게 더 적합할 것 같다. 이 작품에서 시인은 '하필'이라고 어떤 우연성, 의도하지 않음, 인위적이지 않음을 강조하고 있지만, "재채기가 나왔다"라는 전혀 다른 것을 말한다. 마음의 불편이 몸의 '트러블', 즉 의지로 조절되지 않는 현상으로 몸 밖으로 터져 나올 수 있음을 시인은 이미 알고 있었던 것이다.

3.

정념을 밖으로 드러나는 고집스럽고 괴팍한 마음의 표면

으로 이해하게 되면, 이번 시집 『미안한 방향』을 의미 있게 읽기 어려워진다. 하영란 시인은 세계라는 압도하는 중력에 떨어지기 두려워 마음이라는 자기 원소를 불태우기만 하는 것은 아니다. 나를 휩싼 여러 광폭한 힘들 앞에서 인생이란 "문을 닫은 자의 손을 잡을 수가 없다/끝없이 모래가 흘러내린다/흘러내린 모래는 달라붙는다/달라붙은 모래를 털며/털어도 달라붙는 모래를 털며/건너서 간/거기가 어디인지"(「모래의 여자」) 알 수 없어도 사다리든 침묵이든 형태를 묻지 않고 따라 걸어가 보는 것이다.

빛나는 것은 한철이다

중력의 신들이
화려한 꽃잎들을 한 잎 한 잎 벗겨내며
지상으로 끌어내린다

가면 뒤의 진실은 빛나고
진실 뒤에 가면은 이그러진다

목련이라는 가면 뒤에서
꽃잎은 아름답다

필멸을 경험했던 자의 탄식처럼
지옥을 견뎠던 꽃잎은 기어이 지고 말 것이다
마른 꽃으로 기억될 것이다

살아 있는 자는 아름답고
눈부셨던 자는 눈을 가리고 말,
눈부신 자는 눈먼 자로 지고 말,
이 눈부심

—「호모 사케르」 전문

어쩌면 시인은 "중력의 신들이 화려한 꽃잎들을 한 잎 한 잎 벗겨내며/지상으로 끌어내"리는 것을 거듭, 거듭 지켜보면서 "만 개의 물방울 중/한 물방울이라도 되어"(「물방울이라도 되어」)보는 것이다. 하영란 시인은 "빛나는 것은 한철"인 여러 사태를 이미 보았고 깨달았으니, "이번 생도 처음이지만/오늘도 처음이라/여러 개의 가면을 준비"(「예수」)하는 마음으로 내일도 세계의 중력에 맞설 수 있을 것이다.

문학의전당 시인선 370

미안한 방향

ⓒ 하영란

초판 1쇄 인쇄 2023년 10월 2일
초판 1쇄 발행 2023년 10월 6일
지은이 하영란
펴낸이 고영
디자인 혜이존
펴낸곳 문학의전당
출판등록 제448-251002012000043호
주소 충북 단양군 적성면 도곡파랑로 178
전화 043-421-1977
전자우편 sbpoem@naver.com

ISBN 979-11-5896-616-4 03810

*이 책의 판권은 지은이와 문학의전당에 있습니다.
*양측의 서면 동의 없는 무단 전재 및 복제를 금합니다.
*잘못 만들어진 책은 바꿔드립니다.
*이 시집은 2023년 경남문화예술진흥원의 문화예술지원을 보조받아 발간되었습니다.

경남문화예술진흥원
GYEONGNAM CULTURE AND ARTS FOUNDATION